Noch mehr Rezepte unter 1,50 €

jeden Tag genießen

> Autorin: Bettina Matthaei | Fotos: Jörn Rynio

Inhalt

Die Theorie

Die Rezepte

Extra

➤ **GU Serviceseiten**

Gut gekocht und gar nicht teuer

Dass man sparsam sein und dabei richtig gut kochen kann, haben wir mit dem KüchenRatgeber »Rezepte unter 1,50 €« unter Beweis gestellt. Inzwischen sind manche Lebensmittel teurer, viele aber auch deutlich günstiger geworden. Dazu ist das Angebot an preiswerten Delikatessen und würzenden Zutaten gewachsen. Damit macht günstiges Kochen noch mehr Spaß!
Den Preisen liegt jeweils die günstigste Einkaufsquelle zu Grunde. Außerdem berechnen wir nur die anteiligen Kosten, also den Löffel Öl, nicht die ganze Flasche.

Heute schon gespart?

Was bedeutet Sparen für Sie? Sie nehmen sich wahrscheinlich vor, ganz konkret weniger Geld auszugeben. Zusätzlich ist es Ihnen sicherlich wichtig, möglichst das Beste für Ihr Geld zu bekommen. Also überlegen Sie, wie Sie Ihren Einkauf neu organisieren. Ich schlage jedoch noch einen kleinen Zwischenschritt vor, nämlich erst einmal zu prüfen, was Sie schon alles haben, denn die eigenen Vorräte im Überblick zu haben ist der erste Schritt, um den Geldbeutel zu schonen. Meine Spontankäufe wie »Ich glaube, Spaghetti brauche ich auch mal wieder«, um dann ein paar völlig unversehrte Päckchen zu Hause vorzufinden, kommen seitdem viel seltener vor.

1 *Gut notiert ist halb gespart: So kaufen Sie nichts Unnötiges ein.*

Der Vorrat

Einmal in der Woche eine kleine Inventur der Vorräte – das gilt auch für Kühl- und Tiefkühlschrank – zu machen, hilft, im Auge zu behalten, was überhaupt im Vorrat ist, in welchen Mengen und wie lange es haltbar ist. Wie in einem gut geführten Supermarkt landen neu gekaufte Vorräte dann hinten im Regal oder Schrank, damit alle Vorräte rechtzeitig verbraucht werden. Auch können Sie gleichzeitig feststellen, ob sich Zutaten für ein Rezept nicht ganz einfach mit Vorhandenem aus dem Vorrat tauschen lassen. Keine Bohnen, aber dafür Linsen im Schrank? Ebenso gut lassen sich Trockenfrüchte untereinander tauschen und auch viele Gemüsesorten.

Der Einkaufszettel

Er ist wirklich hilfreich, nicht nur, um nichts zu vergessen, sondern auch, um nicht zu viel zu kaufen. Alles, was Sie nicht im Vorrat haben oder auch mal wieder ersetzen müssen, wird notiert. Und damit Sie nicht zu viel im Laden hin und her laufen müssen, am besten in der Reihenfolge, wie es im Supermarkt angeboten wird.

2 *Überraschungen vermeiden: Gefriergut immer deutlich beschriften.*

Der Einkauf

Entdecken Sie dann Sonderangebote, ist es auch wieder eine Chance, flexibel zu sein und dadurch Vorräte anzulegen. Trotzdem sollten Sie, wenn etwas billig ist, wie sonst auch, kurz abschätzen, ob es lohnt, größere Vorräte anzulegen und ob sie rechtzeitig vor dem Mindesthaltbarkeitsdatum (MHD) verbraucht werden können. Selbstverständlich landen immer nur die Produkte mit dem längsten MHD im Einkaufswagen. Unbekannte oder neue Produkte im Angebot vielleicht erst einmal ausprobieren, bevor Sie sich mit ihnen eindecken.

Einkäufe verstauen

Wenn Sie mit den Einkäufen zu Hause angekommen sind, werden zuerst Tiefkühlprodukte und alle Kühlschrankbedürftigen wieder in der Kälte verstaut. Denn je kürzer die Lebensmittel in der Wärme waren, desto länger halten sie sich. Überhaupt haben Sie länger etwas von Ihren Vorräten, wenn Sie die Lebensmittel unter den für sie günstigsten Bedingungen lagern. Kartoffeln halten z. B. bis zu 3 Wochen, wenn sie dunkel, luftig und kühl (aber nicht im Kühlschrank!) gelagert werden. Wenn Sie Brot voraussichtlich nicht aufbrauchen, gleich frisch einfrieren und nicht erst dann, wenn es an Qualität verloren hat. Das Gleiche gilt für zubereitete Speisen: direkt nach dem Abkühlen einfrieren und nicht erst Tage im Kühlschrank aufbewahren.

Die Zubereitung

Hier macht es sich in der Summe bemerkbar, wenn Sie die vielen kleinen Möglichkeiten zum Sparen nutzen. Wenn es geht, hochwertige Töpfe verwenden, denn sie leiten die Wärme besser und halten sie auch länger. Auf jeden Fall sollten alle benutzten Töpfe und Pfannen, wenn sie erhitzt sind, fest und plan auf der Herdplatte stehen und nicht wackeln, nur so leiten sie die Energie optimal. Wackelnde Töpfe werden langsamer heiß, weil Luft einfach ein sehr schlechter Wärmeleiter ist. Bei Rezepten in Gedanken auch mal prüfen, ob es immer notwendig ist, zig verschiedene Töpfe zu benutzen, oder ob sich nicht alles in einem oder in zwei Töpfen zubereiten lässt, denn dies spart nicht nur Energie beim Kochen, sondern auch beim Abwasch. Energie und Zeit lässt sich auch sparen,

3 *Wenig Wasser lässt die Kartoffeln schneller aufkochen und schont auch noch die Vitamine.*

wenn Sie einen Express-Wasserkocher besitzen und das Nudel- oder Reiswasser vorher darin erhitzen, anstatt das Leitungswasser komplett auf dem Herd zum Kochen zu bringen. Es lohnt sich auch, Reis, Nudeln oder Kartoffeln in doppelter Menge zu kochen, wenn wir am nächsten Tag noch mal Lust auf ein Rezept damit haben. Ideen dazu gibt es auch auf Seite 6.

Restlos glücklich

Kartoffel-Mais-Pfanne

500 g gekochte Kartoffeln pellen und in 1 cm dicke Scheiben schneiden. In 3 EL Olivenöl in 10–12 Min. knusprig braten. Salzen und pfeffern. 1–2 TL Paprikapulver mit 1/2 TL Cayennepfeffer mischen, über die Kartoffeln stäuben. 200 g Kabanossi würfeln, 2 Min. mitbraten. 1 Dose Mais abtropfen lassen, gut untermischen. 1 Bund Petersilie hacken und darüber streuen. Dazu Spiegelei servieren.

Kartoffelplätzchen

500 g gekochte Kartoffeln pellen und durch die Presse drücken. Mit 2 Eiern verrühren, mit Salz, Pfeffer und Cayenne würzen. 200 g Feta zerkrümeln. 1 Bund glatte Petersilie waschen und hacken. Alles mischen und zu Plätzchen formen, in Semmelbröseln wälzen. Plätzchen in 4 EL Olivenöl in ca. 6 Min. goldbraun braten. Als Beilage oder mit einem gemischtem Salat servieren.

Süßer Kartoffelauflau

300 g gekochte Kartoffeln pellen und fein reiben. Mit 250 g Grieß, 200 g Zucker, 40 g weicher Butter, 1 Ei, abgeriebener Schale von 1 unbehandelten Zitrone und 100 g Rosinen verrühren. Nach und nach 1/2 l Milch zugießen. Eine gebutterte Auflauf- oder Kuchenform mit Semmelbröseln ausstreuen. Die Mischung einfüllen, im Backofen (Mitte) bei 180° ca. 1 Std. backen. Mit Apfelmus oder Kompott servieren.

Nudel-Frittata

200 g Zwiebelstreifen in 2 EL Öl in 6 Min. glasig schmoren. 800 g gekochte Nudeln mitbraten. Aus der Pfanne nehmen. Streifen von 200 g gekochtem Schinken und gehackte Petersilie untermischen. 6 Eier mit 150 ml Milch verquirlen, salzen und pfeffern, mit den Nudeln mischen. 2 EL Öl erhitzen, Masse hineingeben, zugedeckt bei mittlerer Hitze stocken lassen.

Mediterraner Nudelsalat

Aus 4 EL Olivenöl, 4 EL Zitronensaft, 4 EL Tomatenmark, Salz und Pfeffer eine Sauce rühren. 3 EL Kapern abspülen, abtropfen lassen und hacken. 1 Dose Sardellenfilets zerpflücken. 4 Tomaten waschen und würfeln, salzen und pfeffern. 800 g gekochte Nudeln mit der Sauce mischen. Übrige Zutaten und 1/2 Bund gehacktes Basilikum unterheben.

Bami goreng

200 g Zwiebelstreifen in 2 EL Öl in 8 Min. goldgelb braten. Streichholzdünne Streifen von 250 g Möhren 3–4 Min. mitbraten. 800 g gekochte Nudeln mitbraten. 250 g Hähnchen-Filet in ganz feine Streifen schneiden, in einer 2. Pfanne in 2 EL Öl 5–6 Min. rührbraten. Salzen. Alles mischen. Mit Sojasauce und süßer Chilisauce abschmecken. Mit 2 EL Sesamsamen und/oder Schnittlauchröllchen bestreuen.

Reis-Varianten

Ananasreis

Pro Person 0,23 €
Für 4 Personen

Saft von 1 Dose Ananasscheiben (560 g) mit Wasser auf 1/2 l auffüllen, mit 1 TL Salz und 1/2 TL Kurkuma mischen. Mit 200 g Basmatireis in einen Topf geben, aufkochen lassen und 12–14 Min. garen. 2 Ananasscheiben klein schneiden, den Rest sehr fein würfeln. Gewürfelte Ananas unter den heißen Reis mischen, zugedeckt 2–3 Min. ziehen lassen. Auflockern, mit den Ananasstücken dekorieren.
Besonders gut zu Fleisch mit süß-saurer Sauce.

Kokosreis

Pro Person 0,26 €
Für 4 Personen

200 ml Kokosmilch mit 300 ml Wasser, 3 TL Instant-Brühe und 1 TL Salz mischen. 200 g Basmatireis einstreuen, aufkochen lassen. Den Reis bei schwacher Hitze offen 12–14 Min. garen. Inzwischen 40 g Kokosflocken in einer Pfanne ohne Fett bei mittlerer Hitze goldgelb rösten, dabei wenden, damit sie nicht anbrennen. Über den fertigen Reis streuen.
Besonders gut zu gebratenen Bananen, zu Fleisch mit Sauce und Fisch.

Chilireis

Pro Person 0,25 €
Für 4 Personen

2–3 rote Chilischoten (30 g) längs halbieren, Trennwände und Kerne entfernen, das Fruchtfleisch fein würfeln.
1 Knoblauchzehe schälen, fein hacken. 1/2 l Gemüsebrühe erhitzen. 2 EL Öl erhitzen, Chilis darin 2–3 Min. andünsten, Knoblauch zugeben und 1 Min. mitdünsten. 200 g Basmatireis einstreuen und unter Rühren andünsten, bis er glasig wird. Mit der Brühe ablöschen, offen 12–14 Min. garen.
Besonders gut zu Chinagemüse oder Fleischbällchen.

Paprikareis

Pro Person 0,60 €
Für 4 Personen

1/2 l Hühner- oder Gemüsebrühe zum Kochen bringen. 2 EL Öl erhitzen. 200 g Basmatireis darin unter Rühren 2–3 Min. andünsten, bis er glasig wird. Mit der heißen Brühe ablöschen und aufkochen lassen. Den Reis bei schwacher Hitze 12–14 Min. garen. 1 kleines Glas Ajvar (280 g) unter den fertigen Reis mischen, zugedeckt etwas ziehen lassen. Mit Cayennepfeffer abschmecken. Mit gehackter Petersilie mischen.
Dazu passt Spiegelei.

Nicht nur für Gäste

Orientalisch

- **Vorspeise**
  Oliven, Fetawürfel, Gemüsesticks
- **Hauptgericht**
  Pistazienhähnchen mit Aprikosensauce (Seite 32)
- **Dessert**
  frische Früchte, z. B. Melonenwürfel, Orangenfilets; oder frische Datteln, gefüllt mit Marzipan und Walnusskernen
- **Getränketipp**
  Minztee

Mediterran

- **Vorspeise**
  Oliven oder Parmesan-Kartoffel-Suppe mit Croûtons (Seite 42)
- **Hauptgericht**
  Hähnchenpfanne (Seite 45)
- **Dessert**
  Zitronensorbet (Fertigprodukt)
- **Getränketipp**
  kräftiger Rotwein, z. B. Côte du Rhône

Indisch

- **Vorspeisen**
  Pappadams und indisches Relish (Fertigprodukte)
- **Hauptgericht**
  Indische Tomaten-Eier (Seite 21)
- **Dessert**
  Süßes Kokos-Curry (Seite 51)
- **Getränketipp**
  Bier oder salziges Joghurt-Lassi

Herzhaft

- **Vorspeise**
  Meerrettich-Sahne-Suppe (Seite 42)
- **Hauptgericht**
  Knödel mit Kasseler (Seite 15)
- **Dessert**
  Apfelcharlotte (Seite 58; 1/2 Rezept)
- **Getränketipp**
  Bier

Für Gäste

- **Vorspeise**
  Melone mit Schinken
- **Hauptgericht**
  Pfeffer-Hähnchen mit Limettenreis (Seite 30)
- **Dessert**
  Orangengelee mit Vanillesauce (Seite 58)
- **Getränketipp**
  Prosecco zur Vorspeise, dann leichter Weißwein

Sommerlich

- **Vorspeise**
  Joghurt-Eier mit Minze (Seite 26; 1/2 Rezept)
- **Hauptgericht**
  Nudeln mit Zitronenschaum (Seite 12)
- **Dessert**
  Wassermelone würfeln, mit etwas Limettensaft beträufeln und gut kühlen. Mit Minzeblättchen dekorieren.
- **Getränketipp**
  gut gekühlter Rosé oder Weißweinschorle

Spinat-Varianten

Spinatschaumsuppe

Pro Person 0,23 €
Für 4 Personen

1 kleine Zwiebel fein würfeln, in 20 g Butter anbraten, mit 150 ml Brühe ablöschen. 450 g TK-Rahmspinat zugeben, zugedeckt bei schwacher Hitze auftauen lassen. 350 ml Milch zugeben, 5 Min. köcheln lassen. 2 EL Kartoffelpüree-Flocken unterrühren. Spinat pürieren. Mit Salz, Pfeffer und 1 TL Garam Masala oder Curry würzen. 100 g Sahne schlagen und untermischen. 2 Scheiben Toastbrot würfeln, in 30 g Butter knusprig braten. Croûtons über die Suppe streuen.

Spinat-Kartoffeln

Pro Person 0,66 €
Für 4 Personen

4 große mehlig kochende Kartoffeln ungeschält in 30–40 Min. gar kochen. 1 Zwiebel schälen und würfeln, in 1 EL Olivenöl weich dünsten. 2 Knoblauchzehen schälen und dazupressen. 450 g TK Rahmspinat mitgaren. Kartoffeln halbieren und aushöhlen. Kartoffelfleisch mit 20 g Butter stampfen, salzen, pfeffern und mit dem Spinat mischen. In die Kartoffeln füllen. 250 g Mozzarellascheiben auf den Kartoffeln verteilen. Im vorgeheizten Backofen bei 180° (Umluft 160°) 15 Min. backen.

Spinat-Nuss-Sauce

Pro Person 0,73 €
Für 4 Personen

450 g TK-Rahmspinat nach Packungsangabe garen. 400 g Vollkorn-Bandnudeln al dente kochen. 2 Zwiebeln schälen, fein würfeln und in 2 EL Olivenöl weich dünsten. 1–2 Knoblauchzehen schälen und dazu pressen. Mit 100 ml Brühe ablöschen. Spinat und 200 g Schmand zugeben. 100 g Walnusskerne in einer trockenen Pfanne rösten, grob hacken. 1/2 Bund Basilikum waschen, trockenschütteln. Die Blätter hacken und mit den Nüssen unter die Spinatsauce mischen.

Lasagne mit Spinat

Pro Person 0,98 €
Für 4 Personen

450 g TK-Rahmspinat nach Packungsangabe garen. 2 große Zwiebeln und 2 Knoblauchzehen schälen und hacken, in 2 EL Öl andünsten, 500 g Hackfleisch zugeben, scharf anbraten, salzen, pfeffern, mit dem Spinat mischen. In eine flache Auflaufform abwechselnd Sauce und 9–12 Lasagneblätter (ohne Vorkochen) schichten. Mit Sauce beginnen und abschließen. 100 g Crème fraîche darüber verteilen, mit 100 g Reibekäse bestreuen. Im vorgeheizten Backofen bei 200° (Umluft 180°) 25–30 Min. überbacken.

Nudeln & Co.

Der Nudel-Koch ist Küchengenie und Sparkünstler in einem. Nudeln sind im Handumdrehen gekocht und kosten pro Portion gerade einmal 20 Cent. Da bleiben noch genug Zeit für eine besonders leckere Sauce und genug Geld für raffinierte Zutaten: z. B. eine Extraportion Parmesankäse, ein Salat oder ein Glas Wein. Genauso günstig und genauso variabel wie Nudeln sind Gnocchi oder Klöße.

Blitzrezepte

Pfeffer-Sahne-Nudeln

PRO PERSON 0,71 €

FÜR 4 PERSONEN

➤ 400 g Makkaroni | Salz | 1/2 l Milch 300 g Sahneschmelzkäse | 1 EL Saucenbinder | 1 Msp. Cayennepfeffer Zitronesaft | 1 EL schwarze Pfefferkörner | 2 EL rosa Pfefferbeeren

1 | Makkaroni in Salzwasser bissfest kochen. Milch erwärmen, Schmelzkäse unter Rühren darin schmelzen. 10 Min. köcheln lassen, mit Saucenbinder andicken. Mit Cayennepfeffer und 1 Spritzer Zitronensaft abschmecken.

2 | Pfefferkörner im Mörser zerstoßen. Makkaroni mit Käsesauce anrichten, mit Pfeffer bestreuen.

Asia-Reisnudeln

PRO PERSON 1,17 €

FÜR 4 PERSONEN

➤ 250 g dünne Reisbandnudeln 400 g dünne Schweineschnitzel 2 EL Öl | Salz | Pfeffer | 1 EL gehackter Ingwer (Glas) | 1 Dose Ananasstücke (560 g) | 3–4 EL süße Chilisauce 2–3 EL Sojasauce | 2 TL Saucenbinder

1 | Nudeln nach Packungsangabe garen. Das Fleisch in dünne Streifen schneiden, 4–5 Min. im Öl rührbraten. Herausnehmen, salzen und pfeffern.

2 | Ingwer im Bratsatz anbraten, mit Ananassaft, Chili- und Sojasauce ablöschen. Aufkochen lassen. Saucenbinder einstreuen. Ananas, Fleisch und Nudeln unterheben, in der Sauce erwärmen.

sommerlich frisch

Nudeln mit Zitronenschaum

PRO PERSON 0,76 €

FÜR 4 PERSONEN

- **1 Zwiebel**
  2 Knoblauchzehen
  1/2 unbehandelte Zitrone
  1/2 Bund Petersilie
  400 g Bandnudeln
  Salz
  2 EL Öl
  100 ml Weißwein
  150 ml Brühe
  250 g Sahne
  200 g Frischkäse | Pfeffer

Zubereitung: 40 Min.
- Pro Portion ca.: 760 kcal

1 | Zwiebel und Knoblauch schälen und fein hacken. Zitrone heiß abspülen, die Schale dünn abschälen und fein hacken. Saft auspressen. Petersilie waschen, trockenschütteln, die Blättchen in Streifen schneiden. Nudeln nach Angabe in Salzwasser bissfest kochen.

2 | Gleichzeitig Öl erhitzen, Zwiebeln darin 4–5 Min. anbraten. Knoblauch 1 Min. mitbraten. Wein zugießen und fast ganz einkochen lassen. Brühe und 150 g Sahne angießen, um die Hälfte einkochen lassen.

3 | Frischkäse in die Sauce rühren. Mit Salz, Pfeffer und 1–2 EL Zitronensaft abschmecken. Zitronenschale und Petersilie untermischen. 100 g Sahne steif schlagen, vorsichtig unterheben.

4 | Nudeln abtropfen lassen, mit der Sauce mischen. Pfeffer grob übermahlen.

vegetarisch

Paprikanudeln

PRO PERSON 1,25 €

FÜR 4 PERSONEN

- **400 g Vollkornnudeln**
  Salz
  300 g Zwiebeln
  2 rote Paprikaschoten
  1 Bund glatte Petersilie
  2 EL Sesamsamen
  2 EL Öl | 1/4 l Brühe
  1 Glas Ajvar (280 g)
  100 g Schmand
  schwarzer Pfeffer
  Cayennepfeffer

Zubereitung: 35 Min.
- Pro Portion ca.: 545 kcal

1 | Nudeln in Salzwasser nach Packungsangabe kochen. Zwiebeln schälen und fein würfeln. Paprika waschen, mit dem Sparschäler dünn schälen, halbieren, putzen und in sehr dünne Streifen schneiden. Petersilie waschen, trockenschütteln, die Blättchen hacken. Sesam in einer Pfanne ohne Fett rösten.

2 | Öl erhitzen, Zwiebeln darin in 5 Min. goldgelb braten. Paprika unter Rühren 2–3 Min. mitbraten. Mit Brühe ablöschen. Ajvar und Schmand einrühren, mit Salz, Pfeffer und Cayennepfeffer abschmecken. Mit den Nudeln anrichten, mit Sesam und Petersilie bestreuen.

TIPP

Aus Ajvar können Sie schnell einen Dip zubereiten: 280 g Ajvar (1 Glas) pfeffern, mit 2–3 EL Créme fraîche oder 100 g Joghurt mischen. Mit Schwarzkümmel bestreuen.

im Bild vorne: **Nudeln mit Zitronenschaum** *im Bild hinten:* **Paprikanudeln** ➤

vegetarisch

Kernige Gnocchi

PRO PERSON 1,29 €

FÜR 4 PERSONEN

- **1 unbehandelte Zitrone**
  2–3 rote Chilischoten
  3 Knoblauchzehen
  1/2 Bund Petersilie
  3 Scheiben Vollkorntoast
  150 g Sonnenblumenkerne
  800 g Gnocchi (Kühlregal)
  Salz | 4 EL Olivenöl
  400 ml Brühe | Pfeffer

Zubereitung: 40 Min.

- Pro Portion ca.: 505 kcal

1 | Zitrone heiß waschen, dünn abschälen. Schale sehr fein würfeln. Zitrone auspressen. Chilis längs halbieren, putzen, fein würfeln. Knoblauch schälen, fein hacken. Petersilie waschen, trockenschutteln, hacken.

2 | Brot fein zerkrümeln, in einer trockenen Pfanne rösten. 2 EL Sonnenblumenkerne leicht braun mitrösten. Restliche Kerne fein mahlen.

3 | Gnocchi in Salzwasser nach Angabe zubereiten. Öl erhitzen, Chilis, Knoblauch und 1 EL Zitronenschale darin 1 Min. anbraten, gemahlene Kerne und Brotkrümel unter Rühren 2 Min. mitbraten. Brühe erhitzen, dazugießen, 2–3 Min. köcheln lassen. Mit Salz, Pfeffer und Zitronensaft abschmecken.

4 | Gnocchi abgießen, Sauce mit Petersilie mischen, anrichten. Mit Sonnenblumenkernen und Zitronenschale bestreuen.

herzhaft

Knödel mit Kasseler-Ragout

PRO PERSON 1,47 €

FÜR 4 PERSONEN

- **8 Knödel halb-halb im Kochbeutel | Salz**
  300 g Zwiebeln
  125 g getrocknete Pflaumen ohne Stein
  400 g Kasseler Kotelett
  400 g säuerliche Äpfel
  25 g Butterschmalz
  200 ml Weißwein (oder Apfelsaft) | 1 Lorbeerblatt
  200 g Schmand
  Pfeffer | Cayennepfeffer

Zubereitung: 45 Min.

- Pro Portion ca.: 745 kcal

1 | Knödel in Salzwasser nach Angabe zubereiten. Zwiebeln schälen und mit Pflaumen grob hacken. Fleisch vom Knochen schneiden und würfeln. Äpfel schälen, entkernen und würfeln.

2 | Butterschmalz erhitzen, Zwiebeln darin bei mittlerer Hitze 7–8 Min. braten, Fleisch und Pflaumen 5 Min. mitbraten. Äpfel 3 Min. mitgaren, Wein angießen, Lorbeerblatt zugeben, 5–6 Min. bei starker Hitze kochen, bis der Wein zur Hälfte eingekocht und die Äpfel weich sind. Den Schmand unterrühren, mit Pfeffer und Cayennepfeffer abschmecken (Salz ist nicht nötig, das Kasseler ist salzig). Mit den Knödeln anrichten.

- Getränk: Bier oder Apfelschorle

im Bild vorne: Kernige Gnocchi *im Bild hinten:* Knödel mit Kasseler-Ragout mediterran

Tunfischnudeln mit Kapern

PRO PERSON 0,96 €

FÜR 4 PERSONEN

- 400 g Nudeln | Salz
- 2 Dosen Tunfisch im eigenen Saft (à 150 g)
- 200 g Schmand
- 75 ml Weißwein
- 3 Scheiben trockenes Vollkorntoastbrot
- 1 kleines Glas Kapern (60 g)
- 2 Knoblauchzehen
- 1/2 Bund Petersilie
- Pfeffer
- 3 EL Olivenöl

Zubereitung: 30 Min.
Pro Portion ca.: 660 kcal

1 | Nudeln nach Angabe in Salzwasser bissfest kochen. Tunfisch abtropfen lassen, mit Schmand und Wein im Mixer zu einer cremigen Sauce verarbeiten.

2 | Toastbrot im Blitzhacker zerkrümeln, Kapern abtropfen lassen und hacken. Knoblauch schälen und fein hacken. Petersilie waschen, trockenschütteln, die Blättchen abzupfen.

3 | Tunfischsauce vorsichtig erhitzen, mit Pfeffer würzen. Brotkrümel im Öl bei mittlerer Hitze unter Rühren 2 Min. anrösten, Knoblauch 1 Min. mitrösten, Kapern zugeben.

4 | Nudeln mit Sauce anrichten, Kapern und Petersilie aufstreuen.

herzhaft

Griechische Nudeln

PRO PERSON 1,22 €

FÜR 4 PERSONEN

- 250 g Zwiebeln
- 3 Knoblauchzehen
- 2 EL Olivenöl
- 500 g Hackfleisch, gemischt
- Salz | Pfeffer
- 2 Dosen Pizzatomaten (à 400 g)
- 1/4 l Rotwein | 1/4 l Brühe
- 300 g griechische Nudeln (Kritharaki)
- 1 Bund Petersilie
- 100 g schwarze Oliven ohne Stein

Zubereitung: 45 Min.
Pro Portion ca.: 790 kcal

1 | Zwiebeln und Knoblauch schälen und hacken. Öl erhitzen, Zwiebeln darin bei mittlerer Hitze 5–6 Min. braten. Knoblauch 1 Min. mitbraten. An den Pfannenrand schieben.

2 | Hackfleisch bei starker Hitze unter Rühren krümelig und braun braten, mit Zwiebeln und Knoblauch mischen, salzen und pfeffern. Mit Tomaten, Rotwein und Brühe ablöschen. Nudeln einstreuen, zugedeckt bei schwacher Hitze 15 Min. garen. Ab und zu umrühren.

3 | Inzwischen Petersilie waschen, trockenschütteln, die Blättchen hacken. Oliven in Ringe schneiden. Nudeln mit Salz und Pfeffer abschmecken, mit Oliven und Petersilie bestreuen.

Variante: Wenn Sie Oliven nicht mögen, können Sie 100 g Fetawürfel über die Nudeln streuen und 5 Min. mitgaren.

im Bild vorne: **Griechische Nudeln** *im Bild hinten:* **Tunfischnudeln mit Kapern**

vegetarisch

Spaghetti mit Rote-Bete-Paste

PRO PORTION 0,99 €

FÜR 4 PERSONEN

➤ **400 g Vollkornspaghetti**
Salz
150 g Zwiebeln
100 g Walnusskerne
500 g Rote Bete (Folienpack)
1/2 Bund Petersilie
2 EL Öl
200 ml Brühe
5–6 EL Aceto balsamico
2 TL Zucker
2 TL Kreuzkümmel, gemahlen
Pfeffer
200 g saure Sahne

◷ Zubereitung: 45 Min.
➤ Pro Portion ca.: 675 kcal

1 | Die Nudeln in Salzwasser nach Angabe zubereiten. Zwiebeln schälen und fein hacken. 70 g Walnusskerne grob, den Rest fein hacken. 1 Rote Bete klein würfeln, den Rest grob hacken. Petersilie waschen, trockenschütteln, Blättchen abzupfen.

2 | Öl erhitzen, Zwiebeln darin glasig braten, fein gehackte Nüsse zugeben, unter Rühren anrösten. Grob gehackte Rote Bete anbraten, mit Brühe und 4 EL Balsamico ablöschen. Zucker und Kreuzkümmel zugeben, 10 Min. köcheln lassen.

3 | Sauce pürieren, mit Pfeffer, Salz und eventuell noch Balsamico abschmecken. Sahne unterrühren. Nudeln mit der Paste anrichten, mit Nüssen, Petersilie und Rote-Bete-Würfeln dekorieren.

feurig

Penne mit Mandelsauce

PRO PERSON 0,81 €

FÜR 4 PERSONEN

➤ **150 g Mandeln**
400 g Penne
Salz | 200 g Zwiebeln
2 Knoblauchzehen
1 Bund Petersilie
3 rote Chilischoten
3 EL Olivenöl
100 ml Brühe
100 ml Weißwein (oder Brühe) | Pfeffer

◷ Zubereitung: 50 Min.
➤ Pro Portion ca.: 680 kcal

1 | Mandeln blanchieren und häuten. 100 g fein mahlen, den Rest grob hacken.

2 | Nudeln in Salzwasser nach Angabe zubereiten. Zwiebeln und Knoblauch schälen und fein hacken. Petersilie waschen, trockenschütteln, die Blättchen abzupfen. Chilis waschen, längs halbieren, putzen und fein würfeln.

3 | Öl erhitzen, Zwiebeln darin glasig braten. Die Hälfte der Chilis 2–3 Min. mitbraten. Gemahlene Mandeln zugeben, unter Rühren anrösten. Mit Brühe und Wein ablöschen, 5 Min. bei starker Hitze einkochen lassen.

4 | Sauce pürieren, mit Pfeffer und Salz abschmecken. Petersilie untermischen. Mit Nudeln anrichten, mit Mandeln und übrigen Chilis bestreuen.

im Bild vorne: **Spaghetti mit Rote-Bete-Paste** *im Bild hinten:* **Penne mit Mandelsauce** ➤

Gerichte mit Eiern

Kochanfänger lernen als Erstes, ein Ei in die Pfanne zu »hauen«. Unsere Eierrezepte sind absolut anfängertauglich und schonen außerdem das Budget. Warum aber nur Spiegelei oder Rührei pur, wenn man Eier auch spannend und abwechslungsreich zubereiten kann? Auf asiatische, indische, mexikanische, türkische und schwedische Art beweisen sie, dass sparsames Kochen ganz international ist! Bei allen Rezepten gilt: je frischer das Ei, desto höher der Genuss!

Blitzrezepte

Indische Tomaten-Eier

PRO PERSON 0,35 €

FÜR 4 PERSONEN

➤ **8 Eier | 2 Zwiebeln | 1/2 Bund Koriandergrün | 2 EL Butterschmalz 4 TL gehackter Ingwer (Glas) 200 g Tomatenmark | 1/4 l Milch 2–3 TL Garam Masala | Salz | Pfeffer**

1 | Eier in 6–7 Min. wachsweich kochen, abschrecken und pellen. Zwiebeln schälen und hacken. Koriander abbrausen und grob hacken.

2 | Zwiebeln im Schmalz anbraten, Ingwer 1 Min. mitbraten. Tomatenmark mitrösten, Milch unterrühren. Mit Garam Masala, Salz, Pfeffer würzen. Eier halbieren, auf der Sauce anrichten, Koriander überstreuen.

Dill-Lachs-Omelett

PRO PERSON 1,31 €

FÜR 4 PERSONEN

➤ **1 Bund Dill | 6 Eier | 75 ml Milch Salz | Pfeffer | 200 g Räucherlachs 20 g Butter | 3 EL Crème fraîche**

1 | Dill abbrausen und hacken. Eier mit Milch, Salz und Pfeffer verquirlen. Eine Hälfte des Dills untermischen. Lachs zerpflücken.

2 | Butter in zwei großen Pfannen schmelzen. Eiermasse darin verteilen und bei schwacher Hitze stocken lassen. Sind die Omeletts unten gestockt und oben noch feucht, Lachs und Crème fraîche darauf verteilen. Fertig backen, mit Dill bestreuen.

feurig-würzig

Mexikanisches Omelett

PRO PERSON 1,01 €

FÜR 4 PERSONEN

- **1 große Zwiebel**
- **2–3 Knoblauchzehen**
- **1 Bund glatte Petersilie**
- **4 EL Olivenöl**
- **500 g Hackfleisch, gemischt**
- **Salz | schwarzer Pfeffer**
- **1 TL Cayennepfeffer**
- **100 g Tomatenmark**
- **1 Dose Pizzatomaten (400 g)**
- **1 Dose Kidneybohnen (400 g)**
- **4 Eier**

Zubereitung: 45 Min.

Pro Portion ca.: 745 kcal

1 | Zwiebeln und Knoblauch schälen, fein hacken. Petersilie waschen, trockenschütteln und hacken.

2 | 2 EL Öl erhitzen, Zwiebeln darin anbraten, Knoblauch 1 Min. mitbraten. Hackfleisch bei starker Hitze braun braten. Mit Salz, Pfeffer und Cayennepfeffer scharf abschmecken. Tomatenmark untermischen. Mit den Tomaten ablöschen. Bohnen abspülen, abtropfen lassen und untermischen. 10 Min. köcheln lassen, bis alle Flüssigkeit verdampft ist. Salzen und pfeffern.

3 | Eier mit 2 EL Wasser, Salz und Pfeffer verquirlen. In wenig Öl 4 kleine Omeletts backen. Hackfleisch darauf verteilen, mit Petersilie bestreuen, Omeletts zusammenklappen.

indisch pikant

Curry-Zwiebel-Frittata

PRO PERSON 0,72 €

FÜR 4 PERSONEN

- **700 g möglichst große Zwiebeln**
- **4 EL Öl**
- **Salz | schwarzer Pfeffer**
- **3 TL Currypulver**
- **1 Bund Petersilie**
- **8 Eier**
- **300 g Naturjoghurt**

Zubereitung: 35 Min.

Pro Portion ca.: 355 kcal

1 | Zwiebeln schälen, längs halbieren und in dünne Streifen schneiden. 2 EL Öl erhitzen, Zwiebeln darin bei mittlerer Hitze in 15 Min. goldgelb braten. In einer Schüssel abkühlen lassen. Salzen, pfeffern und mit 2 TL Curry mischen.

2 | Petersilie waschen, trockenschütteln, die Blättchen grob hacken. Eier verquirlen, mit Zwiebeln und Petersilie mischen.

3 | Restliches Öl erhitzen, Eiermasse hineingießen. Bei mittlerer Hitze stocken lassen. Die Pfanne ab und zu rütteln und die Frittata am Rand anheben, so dass flüssiges Ei darunter laufen kann. Wenden und von der anderen Seite backen.

4 | Joghurt mit Salz, Pfeffer und 1 TL Curry verrühren, zur Frittata servieren.

➤ Beilage: Tomatensalat

im Bild vorne: **Mexikanisches Omelett** *im Bild hinten:* **Curry-Zwiebel-Frittata** ➤

asiatisch gewürzt

Eier auf Tomatensauce

PRO PORTION 1,03 €

FÜR 4 PERSONEN

- 1 Zwiebel
- 1 Dose Tunfisch in Öl (150 g)
- 2 EL Öl
- 3 EL gehackter Ingwer (Glas) | 1 EL Zucker
- 50 g Tomatenmark
- 500 g Pizzatomaten
- 3 EL Sojasauce
- Salz | schwarzer Pfeffer
- 4 EL Weißweinessig
- 8 Eier
- Koriandergrün zum Anrichten

Zubereitung: 45 Min.

Pro Portion ca.: 355 kcal

1 | Zwiebel schälen und fein hacken. Tunfisch abtropfen lassen und zerpflücken.

2 | Öl erhitzen, Zwiebel darin 5 Min. braten. Ingwer 1 Min. mitdünsten. Zucker darüber streuen, unter Rühren karamellisieren lassen. Tomatenmark anrösten, mit Pizzatomaten löschen. Sojasauce und Tunfisch untermischen. 15 Min. köcheln lassen. Salzen und pfeffern.

3 | Inzwischen 3 l Wasser mit dem Essig zum Kochen bringen. Die Eier nach und nach in eine Tasse aufschlagen und vorsichtig in das leise kochende Wasser gleiten lassen. Nach 3–4 Min. herausheben. Auf der Sauce anrichten, mit Koriandergrün bestreuen.

TIPP Die Tomatensauce können Sie auch gut zu Asia-Nudeln oder Fischfilet servieren.

ganz einfach

Hackfleischpfanne

PRO PERSON 0,82 €

FÜR 4 PERSONEN

- 1 große Zwiebel
- 1/2 Bund Petersilie
- 2 EL Öl
- 500 g Hackfleisch, gemischt
- 2 EL Tomatenmark
- 500 g stückige Tomaten
- Salz | schwarzer Pfeffer
- 4 Eier | 1 TL Schwarzkümmel

Zubereitung: 30 Min.

Pro Portion ca.: 445 kcal

1 | Zwiebel schälen und hacken. Petersilie waschen, trockenschütteln, die Blättchen hacken.

2 | Öl in einer beschichteten Pfanne erhitzen, die Zwiebel darin 4 Min. anbraten. Hackfleisch zugeben und bei starker Hitze braun und krümelig braten. Tomatenmark einrühren. Mit Pizzatomaten ablöschen, salzen, pfeffern. Mit dem Löffel kleine Mulden in das Hackfleisch drücken. Eier aufschlagen und in jede Mulde 1 Ei setzen. Zugedeckt bei mittlerer Hitze stocken lassen, bis das Eiweiß fest, das Eigelb aber noch weich ist. Mit Petersilie und Schwarzkümmel bestreuen.

Beilage: Fladenbrot

im Bild vorne: Eier auf Tomatensauce *im Bild hinten:* Hackfleischpfanne

vegetarisch

Joghurt-Eier mit Minze

PRO PERSON 1,36 €

FÜR 4 PERSONEN

- 8 Eier
- 2 Knoblauchzehen
- 4–5 Stiele Minze
- 1 kg türkischer Joghurt (10 % Fett)
- Salz | Pfeffer
- 4 EL Olivenöl
- 3 EL Semmelbrösel
- 1/2 TL Kreuzkümmel, gemahlen
- 2 TL Sumach (säuerliches Gewürz, Asialaden)
- 2 TL Schwarzkümmel
- 1 Fladenbrot

Zubereitung: 30 Min.

Pro Portion ca.: 790 kcal

1 | Eier in 6–7 Min. wachsweich kochen. Kurz abschrecken und pellen. Knoblauch schälen. Minze abbrausen, die Blättchen abzupfen. Einige ganz lassen, den Rest hacken.

2 | Joghurt mit Salz, Pfeffer und eventuell etwas Wasser glatt rühren. Knoblauch hineinpressen. Gehackte Minze untermischen. Öl erhitzen, Semmelbrösel darin anrösten, mit Kreuzkümmel mischen.

3 | Joghurt auf einer Platte verstreichen, Eier halbieren und darauf anrichten. Mit Bröseln, Sumach und Schwarzkümmel bestreuen. Mit Minzeblättchen dekorieren. Mit Fladenbrot servieren.

Klassiker auf neue Art

Eier-Kartoffel-Salat

PRO PERSON 1,34 €

FÜR 4 PERSONEN

- 800 g vorwiegend fest kochende Kartoffeln
- Salz
- 250 g gesalzene Pistazien
- 1 Bund Frühlingszwiebeln
- 750 g TK-Erbsen
- 6 Eier
- 1 Bund Petersilie
- 1–2 unbehandelte Zitronen
- 8 EL gutes Olivenöl
- Pfeffer

Zubereitung: 50 Min.

Marinierzeit: 1 Std.

Pro Portion ca.: 800 kcal

1 | Ungeschälte Kartoffeln in wenig Salzwasser in 20 Min. garen. Pistazien schälen und grob hacken. Zwiebeln putzen, waschen, das Weiße fein hacken und das Grüne in feine Ringe schneiden.

2 | Erbsen nach Angabe garen, kalt abbrausen. Eier in 8 Min. hart kochen, abschrecken, pellen und halbieren. Petersilie waschen, trockenschütteln, die Blättchen grob hacken.

3 | Zitronen heiß waschen, trockenreiben, die Schale dünn abziehen und fein hacken. 4 EL Saft auspressen, mit Öl, Salz und Pfeffer verrühren. Zwiebelweiß und 1 EL Zitronenschale untermischen.

4 | Kartoffeln pellen, in Scheiben schneiden und heiß in die Vinaigrette geben. Mindestens 1 Std. ziehen lassen, ab und zu wenden.

5 | Die übrigen Zutaten untermischen. Salat mit den Eiern belegen.

im Bild vorne: Joghurt-Eier mit Minze *im Bild hinten:* Eier-Kartoffel-Salat

Fleischgerichte

Wenn Sie Ihren Gästen eines dieser Gerichte servieren, wird keiner das Gefühl haben, Sie hätten am Essen gespart! Interessante Zutaten und teilweise ungewöhnliche Kombinationen machen aus Putenbrust oder Hähnchenkeule echte Geschmackserlebnisse. Ob mit knackiger Pistazienfüllung und fruchtiger Aprikosensauce, mit scharfer Pfeffer-Mandelkruste oder aufregender Erdnuss-Chili-Sauce: Jedes Gericht ist ein Sparknüller und oft ist die Beilage schon dabei.

Blitzrezepte

Scharfe Erdnusspute

PRO PERSON 1,41 €

FÜR 4 PERSONEN

➤ **3–4 Knoblauchzehen | 600 g Putenbrust | 3 EL Öl | Salz | schwarzer Pfeffer | 450 ml Brühe | 150 g Erdnussmus | 6–8 EL süße Chilisauce 1 EL helle Sojasauce**

1 | Knoblauch schälen. Fleisch würfeln (2 cm) und in 2 EL Öl rundum in 6–8 Min. goldbraun braten. Herausnehmen, salzen, pfeffern und warm stellen.

2 | 1 EL Öl erhitzen, Knoblauch dazupressen, 1 Min. rührbraten, mit Brühe ablöschen. Erdnussmus einrühren, sämig köcheln lassen. Mit Chili- und Sojasauce abschmecken. Fleisch dazugeben, mit Chilisauce beträufeln. Mit Basmatireis servieren.

Gurken-Schnitzelchen

PRO PERSON 1,38 €

FÜR 4 PERSONEN

➤ **500 g kleine Schweineschnitzel 1 Glas Schlesische Gurkenhappen 2 Knoblauchzehen | 20 g Butterschmalz | Salz | Pfeffer | 400 ml Brühe 200 g Kräuter-Crème fraîche**

1 | Fleisch evtl. kleiner schneiden. Gurken abtropfen lassen. Knoblauch schälen.

2 | Fleisch im Butterschmalz 5–6 Min. braten. Herausnehmen, salzen, pfeffern, warm stellen. Knoblauch in die Pfanne pressen, kurz anbraten, mit Brühe ablöschen. 5–6 Min. bei starker Hitze kochen. Crème fraîche einrühren, salzen, pfeffern. Gurken und Fleisch in der Sauce erwärmen. Dazu passt Kartoffelpüree.

macht was her

Pfeffer-Hähnchen mit Limettenreis

PRO PERSON 1,40 €

FÜR 4 PERSONEN

- 50 g Mandelstifte
- 2–3 TL schwarze Pfefferkörner
- 2–3 TL rosa Pfefferbeeren
- 4 Hähnchenbrustfilets (à 160 g) | Salz
- 3–4 EL Öl | 2 Limetten
- 300 g Basmatireis
- 3/4 l heiße Hühnerbrühe
- 1 TL Honig

Zubereitung: 40 Min.

Pro Portion ca.: 1145 kcal

1 | Backofen auf 200° (Umluft 180°) vorheizen. Mandeln mittelgrob hacken. Pfeffer im Mörser zerstoßen, mit den Mandeln mischen. Fleisch waschen und trockentupfen. Salzen und von beiden Seiten in die Mandel-Pfeffer-Mischung drücken. Öl in einer ofenfesten Pfanne erhitzen, Fleisch darin von beiden Seiten je 1 Min. anbraten. Im Ofen (Mitte) in 12 Min. fertig garen.

2 | Inzwischen die Limetten heiß waschen. Schale hauchfein abschälen und fein hacken. Saft auspressen. 1 EL Öl erhitzen, Reis darin 2 Min. anschwitzen. Mit Brühe ablöschen. Salz, Honig und 3 EL Limettensaft zugeben. Zugedeckt bei schwacher Hitze 12 Min. garen. Reis mit Limettenschale bestreuen, zum Hähnchen reichen.

mexikanisch

Huhn in scharfer Schokosauce

PRO PERSON 1,06 €

FÜR 4 PERSONEN

- 4 Hähnchenkeulen à 250 g
- Salz | 2 EL Öl
- 400 ml Hühnerbrühe
- 4–5 rote Chilischoten
- 2–3 Zwiebeln (150 g)
- 2 Knoblauchzehen
- 200 g Tomatenmark
- 50 g bittere Schokolade (60 % Kakaoanteil)
- 1/2 TL Zimtpulver
- Pfeffer
- 2 EL gehackte Petersilie

Zubereitung: 1 Std.

Pro Portion ca.: 755 kcal

1 | Backofen auf 200° vorheizen. Hähnchenkeulen am Gelenk zerteilen, waschen, trockentupfen, mit Salz einreiben. In einem ofenfesten Topf in 1 EL Öl 7 Min. rundum anbraten. Im Ofen (Mitte, Umluft 180°) in 35–40 Min. hellbraun braten.

2 | Hühnerbrühe erhitzen. Chilis entkernen, fein hacken und in die Brühe geben. Zwiebeln und Knoblauch schälen und fein würfeln. Restliches Öl erhitzen, beides darin anbraten. Tomatenmark zugeben, unter Rühren anrösten, Brühe zugeben. Schokolade darin schmelzen lassen. Sauce mit Zimt und Pfeffer pikant abschmecken.

3 | Hähnchenteile aus dem Ofen nehmen, Fett abgießen, Bratsatz mit wenig Wasser lösen, zur Sauce geben. Hähnchenteile mit Sauce und Petersilie anrichten.

Dazu passt: Fladenbrot

im Bild vorne: Huhn in scharfer Schokosauce *im Bild hinten:* Pfeffer-Hähnchen mit Limettenreis

für Gäste

Pistazienhähnchen mit Aprikosensauce

PRO PERSON 1,46 €

FÜR 4 PERSONEN

- **125 g gesalzene Pistazien in der Schale**
  1 Dose Aprikosen (820 g)
  3 Zwiebeln
  2 EL Öl
  Salz | schwarzer Pfeffer
  Cayennepfeffer
  4 Hähnchenbrustfilets à 160 g
  150 ml Brühe
  200 g Basmatireis
  Zahnstocher

Zubereitung: 1 Std.

- Pro Portion ca.: 660 kcal

1 | Backofen auf 200° (Umluft 180°) vorheizen. Pistazien schälen und grob hacken. Aprikosen abgießen, den Saft auffangen. Die Hälfte der Aprikosen würfeln, den Rest pürieren. Zwiebeln schälen und hacken.

2 | 1 EL Öl erhitzen, Zwiebeln darin bei schwacher Hitze 6 Min. braten. Aprikosenwürfel 2–3 Min. mitbraten. Mit Salz, Pfeffer und Cayennepfeffer abschmecken. Zwei Drittel der Pistazien untermischen.

3 | Hähnchenbrust waschen und trockentupfen. Mit einem scharfen Messer seitlich eine Tasche einschneiden. Filets innen und außen leicht salzen, mit der Mischung füllen, mit Zahnstochern feststecken.

4 | Restliches Öl erhitzen, Filets darin von jeder Seite 1 Min. kräftig anbraten. In eine feuerfeste Form geben, im Ofen (Mitte) 12–14 Min. garen, dabei wenden.

5 | Brühe erhitzen, Bratfond in der Pfanne damit ablöschen. Aprikosenpüree zugeben, mit Salz, Pfeffer und Cayennepfeffer würzen. Mit Aprikosensaft bis zur gewünschten Konsistenz auffüllen und erwärmen.

6 | Inzwischen den Reis nach Packungsangabe in 12 Min. garen. Filets aus dem Ofen nehmen, schräg aufschneiden. Den Saft, der sich gebildet hat, zur Sauce geben. Fleisch mit Reis und Sauce anrichten, mit restlichen Pistazien bestreuen.

- Variante

Orangenhähnchen

3 Zwiebeln würfeln, in 2 EL Öl anbraten. 100 g gewürfeltes Orangeat 3 Min. mitbraten, mit 1/4 l Orangensaft ablöschen. 2 TL Instantbrühe einrühren und köcheln lassen. 4 Hähnchenbrustfilets (à 150) salzen. 1 EL Öl erhitzen, Fleisch darin von jeder Seite 2 Min. anbraten. Hähnchen herausnehmen, Bratsatz mit 50 ml Wasser ablöschen, zu den Zwiebeln geben. Hähnchen in die Sauce legen, im vorgeheizten Backofen bei 200° 20 Min. offen garen. Fleisch nach 10 Min. einmal wenden. Aus dem Ofen nehmen, warm stellen. 100 g Sahne in die Sauce rühren, etwas einkochen lassen. Mit Pfeffer und Cayennepfeffer pikant abschmecken. Mit Vollkornspaghetti servieren.

nussig-würzig

Hackfleischpfanne Asia

PRO PERSON 0,93 €

FÜR 4 PERSONEN

- 200 g Asia-Reisnudeln (Fadennudeln)
- 200 g Zwiebeln
- 2 Knoblauchzehen
- 100 g gesalzene Erdnüsse
- 500 g Möhren
- 1/2 Bund Petersilie
- 3 EL Öl
- 500 g Hackfleisch
- Salz | Pfeffer
- 4–5 EL süße Chilisauce
- 3–4 EL Sojasauce

Zubereitung: 45 Min.

➤ Pro Portion ca.: 755 kcal

1 | Nudeln nach Packungsangabe zubereiten, dann abgießen. Zwiebeln schälen, längs halbieren und in schmale Streifen schneiden. Knoblauch schälen, Erdnüsse grob hacken. Möhren schälen und sehr fein hobeln. Petersilie waschen, trockenschütteln, Blättchen hacken.

2 | 2 EL Öl erhitzen, Zwiebeln darin anbraten, Knoblauch dazupressen, 1 Min. weiterbraten. Möhren unter Rühren 3 Min. mitbraten. Nudeln zugeben und erhitzen.

3 | 1 EL Öl in einer zweiten Pfanne stark erhitzen, Hackfleisch unter Rühren 2–3 Min. scharf anbraten. Salzen, pfeffern und zu den Möhren geben. Mit Salz, Pfeffer, Chili- und Sojasauce pikant abschmecken, gut mischen. Mit Erdnüssen und Petersilie bestreuen.

nach schwedischer Art

Hackbällchen in Sauce

PRO PORTION 1,22 €

FÜR 4 PERSONEN

- 250 g mehlig kochende Kartoffeln
- 200 g Zwiebeln
- 3–4 EL Öl | 2 Eier
- 750 g Hackfleisch
- Salz | Pfeffer
- 2 EL scharfer Senf
- 100 ml Brühe
- 1 Glas Preiselbeeren (400 g)
- 200 g Schmand
- 2–3 EL Meerrettich (Glas)
- 2 EL Schnittlauchröllchen

Zubereitung: 55 Min.

➤ Pro Portion ca.: 965 kcal

1 | Kartoffeln in wenig Wasser 25 Min. garen, pellen und durch die Presse drücken. Zwiebeln schälen und fein würfeln. 2 EL Öl erhitzen, Zwiebeln darin in 7–8 Min. weich braten.

2 | Eier trennen. Hackfleisch, Kartoffeln, Zwiebeln und Eigelbe zu einem glatten Teig verkneten. Mit Salz, Pfeffer und Senf würzen. Bällchen formen, im restlichen Öl von allen Seiten goldbraun braten. Herausnehmen, warm stellen.

3 | Bratfond mit Brühe ablöschen. Preiselbeeren und Schmand einrühren, mit Salz, Pfeffer und Meerrettich abschmecken. Hackbällchen mit der Sauce anrichten, mit Schnittlauch bestreuen.

➤ Beilage: Salzkartoffeln

◄ *im Bild vorne:* **Hackbällchen in Sauce** *im Bild hinten:* **Hackfleischpfanne Asia**

exotisch | für Gäste

Putenstreifen in Limettensahne

PRO PERSON 1,44 €

FÜR 4 PERSONEN

- **3 Limetten**
- **2 kleine Zwiebeln**
- **1–2 TL eingelegter grüner Pfeffer**
- **2 EL Mehl | Salz | Pfeffer**
- **500 g Putenschnitzel**
- **300 g Bandnudeln**
- **2 EL Öl**
- **200 ml Hühnerbrühe**
- **200 g Schmand**

Zubereitung: 45 Min.

➤ Pro Portion ca.: 730 kcal

1 | Limetten heiß waschen, die Schale fein abschälen und hacken, 4 EL Saft auspressen. Zwiebeln schälen und sehr fein hacken. Grünen Pfeffer abspülen, abtropfen lassen und hacken. Mehl mit Salz und schwarzem Pfeffer mischen. Fleisch in fingerdicke Streifen schneiden.

2 | Nudeln nach Angabe in Salzwasser bissfest kochen. Fleisch im Mehl wenden. Öl erhitzen, Fleisch darin rundum in 6–8 Min. goldgelb braten, herausnehmen und warm stellen.

3 | Zwiebeln im Bratfond 3–4 Min. anbraten, mit Limettensaft und Brühe ablöschen. Schmand und grünen Pfeffer einrühren, 1 Min. köcheln lassen, salzen. Fleisch einlegen, mit Limettenschale bestreuen, mit den Nudeln anrichten.

exotisch

Kokos-Pute in scharfer Tomatensauce

PRO PERSON 1,18 €

FÜR 4 PERSONEN

- **500 g passierte Tomaten (Fertigprodukt)**
- **Salz | Pfeffer**
- **Cayennepfeffer**
- **1 Msp. Zimtpulver**
- **1 TL Honig**
- **200 g Basmatireis**
- **500 g Putenbrustfilet**
- **100 g Kokosflocken**
- **3 EL Öl**

Zubereitung: 35 Min.

➤ Pro Portion ca.: 560 kcal

1 | Tomaten aufkochen lassen, mit Gewürzen und Honig scharf-pikant abschmecken. Bei schwacher Hitze auf die Hälfte einkochen lassen. Reis nach Angabe in Salzwasser garen.

2 | Fleisch abspülen, trockentupfen, in fingerdicke Streifen schneiden, salzen. Kokosflocken mit Pfeffer mischen, Fleisch hineindrücken. Öl erhitzen, Fleisch darin bei mittlerer Hitze in 6–7 Min. goldgelb braten. Fleisch auf dem Reis mit Tomatensauce anrichten.

TIPPS

Sie mögen lieber Nudeln statt Reis oder haben Reis gerade nicht im Schrank? Nudeln und Reis lassen sich selbstverständlich tauschen.

Ebenso können Sie auch sehr gut Hähnchenbrustfilet für diese beiden Gerichte verwenden.

im Bild vorne: **Kokos-Pute in scharfer Tomatensauce** *im Bild hinten:* **Putenstreifen in Limettensahne** ➤

fruchtig

Koteletts mit Apfel-Zimt-Sauce

PRO PERSON 1,37 €

FÜR 4 PERSONEN

- **4 Schweinekoteletts à 150–170 g**
- **Salz**
- **Pfeffer**
- **1–2 TL Zimtpulver**
- **2 EL Butterschmalz**
- **200 ml Apfelsaft**
- **2 EL Apfeldicksaft (Reformhaus)**
- **3 TL gekörnte Brühe**
- **200 g Schmand**
- **Cayennepfeffer**
- **Muskatnuss**

Zubereitung: 25 Min.

- Pro Portion ca.: 395 kcal

1 | Koteletts trockentupfen, salzen, pfeffern. 1/2–1 TL Zimt darüber stäuben und einreiben. Butterschmalz erhitzen, Koteletts darin von jeder Seite 3 Min. braten. Warm stellen.

2 | Apfelsaft mit Dicksaft und Brühe mischen. Bratsatz damit ablöschen und etwas einkochen lassen. Schmand unterrühren, mit Cayenne, Muskat und Zimt abschmecken. Fleischsaft von den Koteletts mit einrühren. Koteletts mit Sauce anrichten.

- Beilage: Semmelknödel
- Variante: Die Apfelscheiben im Ganzen braten und auf die fertigen Koteletts setzen.

herzhaft

Koteletts in Senfsahne

PRO PERSON 1,48 €

FÜR 4 PERSONEN

- **500 g Zwiebeln**
- **3–4 EL Öl**
- **500 g Äpfel**
- **4 Koteletts à 170 g**
- **Salz**
- **schwarzer Pfeffer**
- **200 ml Brühe**
- **200 g Schmand**
- **2 EL süßer Senf**
- **1–2 TL scharfer Senf**

Zubereitung: 50 Min.

- Pro Portion ca.: 485 kcal

1 | Zwiebeln schälen, längs halbieren, in dünne Streifen schneiden. 2 EL Öl erhitzen, Zwiebeln darin bei schwacher Hitze goldgelb braten.

2 | Inzwischen Äpfel schälen und ohne Kerngehäuse würfeln. Mit den Zwiebeln 4–5 Min. braten. Koteletts salzen, pfeffern. 1–2 EL Öl erhitzen, Koteletts von jeder Seite 3 Min. braten. Zu den Zwiebeln geben. Den Bratfond mit der Brühe ablöschen, Schmand und süßen Senf unterrühren. Mit Salz, Pfeffer und scharfem Senf abschmecken. Koteletts mit Senfsahne und Zwiebeln anrichten.

- Beilage: Salzkartoffeln
- Variante: Statt Koteletts 500 g Schweineschnitzel verwenden. Das Fleisch in Streifen schneiden und goldbraun braten. In der Senfsahne anrichten. Dazu passen Kartoffelklöße und Gurkensalat.

im Bild vorne: **Koteletts in Senfsahne** *im Bild hinten:* **Koteletts mit Apfel-Zimt-Sauce** ➤

Nur 1 Topf

Sparen im Doppelpack: Bei unseren leckeren Suppen, Salaten und ofengeschmorten Fleischgerichten wird nicht nur bei den Zutaten, sondern auch noch Energie gespart. Bei diesen Rezepten wird nämlich alles in einem Topf, einer Pfanne oder einem Wok gegart oder in einer Schüssel serviert. Das macht auch nach dem Essen den Abwasch überschaubarer!

Blitzrezepte

Bohnencremesuppe

PRO PERSON 0,69 €

FÜR 4 PERSONEN

➤ **2 Dosen weiße Bohnen ohne Suppengrün (à 400 g) | 2 Zwiebeln | 2 Knoblauchzehen | 100 g dünne Bacon-Scheiben | 400 ml Brühe | 300 ml Milch | Salz | Pfeffer | 2 EL Zitronensaft**

1 | Bohnen abtropfen lassen. Zwiebeln und Knoblauch schälen, fein hacken. Speck in einem Topf 5 Min. auslassen, auf Küchenpapier legen.

2 | Zwiebeln im Fett 5 Min., Knoblauch 1 Min. mitbraten. Bohnen, Brühe und Milch zugeben. 10 Min. köcheln lassen, pürieren. Mit Salz, Pfeffer und Zitrone würzen. Bacon zerkleinern, aufstreuen.

Linsen-Gurken-Salat

PRO PERSON 0,87 €

FÜR 4 PERSONEN

➤ **1 Dose Linsen ohne Suppengrün (800 g) 5 EL helle Sojasauce | 3 EL Reisessig 2 EL Sesamöl | 1 Gurke | Salz | 1 Bund Koriandergrün | 2 rote Chilischoten 4 EL Sesam**

1 | Linsen abspülen, abtropfen lassen. Sojasauce, Essig und Öl mischen, Linsen zugeben, 15 Min. ziehen lassen, ab und zu vorsichtig umrühren.

2 | Gurke schälen, fein hobeln, leicht salzen. Koriander waschen, hacken. Chilis entkernen und fein hacken. Sesam in einer trockenen Pfanne rösten. Linsen, Koriander und Chilis mischen, auf den Gurken anrichten. Mit Sesam bestreuen.

nach italienischer Art

Parmesan-Kartoffel-Suppe

PRO PERSON 1,30 €

FÜR 4 PERSONEN

- **800 g mehlig kochende Kartoffeln**
- **Salz**
- **2 Zwiebeln (150 g)**
- **2–3 Knoblauchzehen**
- **200 g Parmesan**
- **2 Scheiben Toastbrot**
- **60 g Butter**
- **1 1/4 l Hühner- oder Gemüsebrühe**
- **schwarzer Pfeffer**
- **1–2 TL Paprikapulver, edelsüß | Cayennepfeffer**

Zubereitung: 55 Min.

Pro Portion ca.: 515 kcal

1 | Kartoffeln schälen, klein würfeln, in wenig Salzwasser in 18 Min. garen. Abtropfen und kurz ausdampfen lassen. Inzwischen Zwiebeln und Knoblauch schälen und fein hacken. Parmesan reiben. Das Toastbrot fein würfeln.

2 | Zwiebeln in 30 g Butter bei mittlerer Hitze in 5–6 Min. glasig braten. Knoblauch zugeben, 1 Min. mitbraten. Brühe erhitzen, zugießen und aufkochen lassen. Die heißen Kartoffeln durch die Presse direkt in die Brühe drücken. Gut durchrühren. Parmesan zugeben, in der Suppe schmelzen lassen. Mit Pfeffer, Paprika und Cayenne pikant abschmecken.

3 | Toastwürfel in 30 g Butter goldbraun braten, heiß über die Suppe geben.

Klassiker auf neue Art

Meerrettich-Sahne-Suppe

PRO PERSON 0,83 €

FÜR 4 PERSONEN

- **700 g mehlig kochende Kartoffeln**
- **Salz**
- **2 kleine Zwiebeln (120 g)**
- **20 g Butter**
- **1 l Brühe**
- **1/4 l Weißwein**
- **1 Bund Dill | 1 Zitrone**
- **200 g Sahne**
- **Pfeffer**
- **1 kleines Glas scharfer Meerrettich (60 g)**

Zubereitung: 45 Min.

Pro Portion ca.: 405 kcal

1 | Die Kartoffeln schälen und in Salzwasser in 20 Min. garen. In einem Sieb kurz abdampfen lassen.

2 | Inzwischen die Zwiebeln schälen und sehr fein hacken. Butter erhitzen, Zwiebeln darin glasig dünsten, Brühe und Wein zugießen und auf knapp 1 l einkochen lassen. Dill waschen, trockenschütteln, die Spitzen fein hacken. Die Zitrone auspressen.

3 | Die Kartoffeln mit der Kartoffelpresse direkt in die heiße Brühe pressen. Die Sahne und eventuell etwas Brühe zugeben, bis die Suppe die gewünschte Konsistenz hat. Mit Salz, Pfeffer, Zitronensaft und Meerrettich abschmecken. Mit Dill bestreuen.

TIPPS

Als Einlage passen Streifen von Räucherlachs sehr gut.

Vegetarier marinieren kleine Würfel von gekochten Roten Beten in etwas Zitronensaft und geben sie in die Suppe.

im Bild links: **Parmesan-Kartoffel-Suppe** *im Bild rechts:* **Meerrettich-Sahne-Suppe**

indisch inspiriert

Linsen-Limetten-Curry

PRO PERSON 0,76 €

FÜR 4 PERSONEN

- 2 große Zwiebeln
- 3 Knoblauchzehen
- 500 g Kartoffeln
- 2 Limetten
- 1 Bund Koriandergrün
- 3 EL Öl
- 3 TL Currypulver
- 150 g rote Linsen
- 3 TL gekörnte Brühe
- 1 Dose Kokosmilch (400 g)

Zubereitung: 55 Min.

Pro Portion ca.: 485 kcal

1 | Zwiebeln und Knoblauch schälen und hacken. Kartoffeln schälen und klein würfeln. Limetten heiß waschen und trockenreiben, die Schale dünn abschneiden und fein würfeln. Den Saft auspressen. Koriander abbrausen, trockenschütteln, die Blättchen abzupfen.

2 | Öl erhitzen, Zwiebeln darin bei schwacher Hitze 6–7 Min. braten, Knoblauch 1 Min. mitbraten. Curry darüber stäuben, unter Rühren kurz anrösten. Linsen und Kartoffeln dazugeben, weiterrühren. Mit ca. 800 ml kochendem Wasser knapp bedecken. Brühe und die Hälfte der Limettenschale einrühren. Das Ganze bei mittlerer Hitze ca. 18 Min. garen, bis Linsen und Kartoffeln weich sind und die Flüssigkeit nahezu aufgesogen ist.

3 | Kokosmilch einrühren, mit Gewürzen und Limettensaft abschmecken. Mit Limettenschale und Koriander bestreuen.

gut vorzubereiten

Hähnchenpfanne

PRO PERSON 1,10 €

FÜR 4 PERSONEN

- 1 kg Kartoffeln
- 400 g kleine Zwiebeln
- 3–4 Knoblauchzehen
- 2 unbehandelte Zitronen
- 4 Hähnchenkeulen (à 250 g)
- Salz | schwarzer Pfeffer
- 100 ml Olivenöl
- 3–4 Stiele Rosmarin

Zubereitung: 45 Min.

Backzeit: 50 Min.

Pro Portion ca.: 720 kcal

1 | Backofen auf 200° vorheizen. Kartoffeln schälen und klein schneiden. Zwiebeln schälen und eventuell halbieren. Knoblauch schälen und vierteln. Zitronen heiß abspülen, in Scheiben schneiden.

2 | Hähnchenkeulen waschen, trockentupfen und mit Salz und Pfeffer einreiben. In einem Bräter 3 EL Öl erhitzen, die Keulen darin von jeder Seite 3–4 Min. knusprig anbraten. Kartoffeln, Zwiebeln und Knoblauch mit dem restlichen Olivenöl vermengen, salzen und pfeffern. Anschließend um die Hähnchenkeulen im Bräter verteilen und Zitronen und Rosmarinstiele dazwischenstecken. Bräter in den Backofen stellen und die Hähnchenpfanne 45–50 Min. (Mitte, Umluft 175°) garen, Kartoffeln und Zwiebeln zwischendurch wenden.

im Bild vorne: Linsen-Limetten-Curry *im Bild hinten:* Hähnchenpfanne orientalisch

Gefüllte Zwiebeln

PRO PERSON 1,43 €
FÜR 4 PERSONEN

- **8 große Gemüsezwiebeln (à 160 g)**
  400–500 ml Brühe
  500 g Hähnchenbrustfilet
  1 unbehandelte Zitrone
  4 Scheiben 3-Korn-Toast
  3 EL Öl
  Zimtpulver
  Paprikapulver, rosenscharf
  Salz | schwarzer Pfeffer
  1 Bund glatte Petersilie
  70 g Mandelstifte
  70 g Rosinen

Zubereitung: 40 Min.
Backzeit: 30 Min.
- Pro Portion ca.: 505 kcal

1 | Ofen auf 200° vorheizen. Zwiebeln schälen, die Wurzelansätze und jeweils einen Deckel abschneiden. Zwiebeln mit dem Kugelausstecher aushöhlen. Zwiebeln in eine ofenfeste Form setzen, ca. 1/4 l Brühe angießen, auch im Inneren der Zwiebeln soll die Brühe 1–2 cm hoch stehen. Zwiebeldeckel auflegen. Im Backofen (Mitte, Umluft 180°) 30 Min. garen.

2 | Inzwischen das Zwiebelfleisch hacken. Hähnchenfilets waschen, trockentupfen und sehr fein hacken oder im Blitzhacker zerkleinern. Zitrone heiß abwaschen, die Schale abreiben, den Saft auspressen. Toastbrot im Blitzhacker zu Krümeln verarbeiten. Petersilie waschen, trockenschütteln, die Blättchen abzupfen und hacken.

3 | 2 EL Öl erhitzen, Zwiebelwürfel darin bei mittlerer Hitze weich braten. Hähnchenfleisch zugeben und bei starker Hitze unter Rühren in 5 Min. goldbraun braten. An den Pfannenrand schieben, das restliche Öl hineingeben, die Brotkrümel anbraten. Alles gut mischen, mit Zimt, Paprika, Salz und Pfeffer kräftig würzen. Mandeln und Rosinen darüber streuen. So viel Brühe zugeben, dass eine homogene Mischung entsteht.

4 | Die Zwiebeln mit der Masse füllen, die Deckel aufsetzen. Eventuell noch etwas Brühe angießen. 30 Min. backen, bis die Zwiebeln weich sind. Die letzten 10 Min. die Deckel abnehmen und die Füllung knusprig backen lassen.

- Variante

  Gefüllte Äpfel

  4 große säuerliche Äpfel waschen und aushöhlen. 1 gehackte Zwiebel in 1 EL Butter anbraten, 250 g Hackfleisch mitbraten, mit Salz, Pfeffer, etwas Zimt und/oder Piment würzen. Etwas Brühe unterrühren. Einige Sultaninen und gehackte Mandeln dazugeben und aufkochen lassen. Das ausgehöhlte Apfelfleisch würfeln und untermischen. Die Füllung in die Äpfel geben, diese in eine gefettete feuerfeste Form setzen. Butterflöckchen darauf setzen. Die Äpfel im auf 180° vorgeheizten Backofen (Mitte, Umluft 160°) 20–30 Min. braten.

sommerlich

Couscous-Salat

PRO PERSON 0,76 €

FÜR 4 PERSONEN

- **200 g Instant-Couscous**
- **3 TL gekörnte Brühe**
- **1 TL Kurkumapulver**
- **1 Dose Kichererbsen (400 g)**
- **1 unbehandelte Zitrone**
- **Salz | schwarzer Pfeffer**
- **5 EL Olivenöl**
- **300 g Möhren**
- **300 g Zucchini**
- **1 Bund Petersilie**
- **50 g Mandelstifte**

Zubereitung: 1 Std.

Pro Portion ca.: 420 kcal

1 | Couscous, Brühe und Kurkuma mischen. 300 ml kochendes Wasser darüber gießen, umrühren, zugedeckt 5–6 Min. quellen lassen. Durchrühren, stehen lassen.

2 | Kichererbsen kalt abbrausen und abtropfen lassen. Zitrone heiß waschen, Schale hauchdünn abschneiden und sehr fein würfeln. 3 EL Saft auspressen, mit Salz, Pfeffer und 3 EL Öl zu einer Vinaigrette rühren. Zitronenschale untermischen.

3 | Möhren schälen, Zucchini waschen, beides putzen und grob raffeln. 2 EL Olivenöl erhitzen, Möhren 1–2 Min. unter Rühren braten. Zucchini zugeben, 2 Min. braten. Mit Couscous, Kichererbsen und Vinaigrette mischen und 15 Min. ziehen lassen.

4 | Die Petersilie waschen, trockenschütteln und hacken. Mandeln in einer trockenen Pfanne goldgelb rösten. Beides unter den Salat mischen bzw. darüber streuen.

vegetarisch

Bunter Kartoffelsalat

PRO PERSON 1,11 €

FÜR 4 PERSONEN

- **500 g Rote Bete (gegart, Folienpack)**
- **3 EL Aceto Balsamico**
- **8 EL Olivenöl**
- **Salz | schwarzer Pfeffer**
- **2 EL brauner Zucker**
- **250 g säuerliche Äpfel**
- **700 g Kartoffeln**
- **4 TL gekörnte Brühe**
- **100 g Walnusskerne**
- **1 Bund Petersilie**
- **350 g Zwiebeln**

Zubereitung: 1 Std.

Pro Portion ca.: 545 kcal

1 | Rote Bete klein würfeln. Essig, 5 EL Öl, Salz, Pfeffer und 1 TL Zucker verrühren, Rote Bete hineinlegen. Äpfel schälen, putzen, würfeln und dazu geben.

2 | Kartoffeln schälen, klein würfeln, knapp mit Wasser bedecken, Brühe überstreuen. Kartoffeln 18 Min. garen. Nüsse grob hacken. Petersilie waschen, trockenschütteln, Blättchen abzupfen.

3 | Zwiebeln schälen, längs halbieren, sehr dünn schneiden. 3 EL Öl erhitzen, Zwiebeln darin 8–10 Min. braten. Restlichen Zucker einrühren, bis er gelöst ist und die Zwiebeln karamellisiert sind.

4 | Die Kartoffeln abgießen, mit Roten Beten, Äpfeln und 50 g Nüssen mischen. Mit Zwiebeln, restlichen Nüssen und Petersilie anrichten.

im Bild vorne: **Bunter Kartoffelsalat** *im Bild hinten:* **Couscous-Salat**

Süße Gerichte

Ob als süßes Hauptgericht oder als Dessert – so schmeckt Sparen ganz besonders süß: von der klassischen Apfel-Charlotte (zu Unrecht auch Bettelmannspeise genannt) über köstliche und ungewöhnliche Milchreis-, Polenta- und Couscous-Varianten bis zum süßen Kokos-Curry – hier kommen Sparfüchse und Süßschnäbel garantiert auf ihre Kosten!

Blitzrezepte

Birnensuppe

PRO PERSON 0,49 €

FÜR 4 PERSONEN ALS DESSERT

➤ **1 Dose Williams-Birnen (760 g)**
1 EL Speisestärke | 100 g Schmand
1–2 EL Zucker | 1/2 TL Zimtpulver
Zitronensaft | 100 g Amarettini

1 | Birnen mit Saft pürieren. Aufkochen lassen. Speisestärke mit etwas kaltem Wasser glatt rühren und in die heiße Suppe rühren, aufkochen lassen. Schmand einrühren.

2 | Die Suppe mit Zucker, Zimt und etwas Zitronensaft abschmecken. Amarettini hineinsetzen.

➤ Variante: Haben Sie Birnendicksaft im Haus? Etwas davon in die Suppe träufeln, das gibt ein intensives Aroma.

Süßes Kokos-Curry

PRO PERSON 0,80 €

FÜR 4 PERSONEN

➤ **1 kleine Dose Ananasstücke (560 g)**
2 große Bananen | 2 säuerliche Äpfel
40 g Butter | 3 EL brauner Zucker
40 g Sultaninen | 1 Dose Kokosmilch (400 ml) | 1 Msp. Kurkuma
2–3 EL Limettensaft

1 | Ananas abtropfen lassen, Saft auffangen. Obst schälen, in Stücke schneiden. In der Butter 4 Min. braten, Ananas 1 Min. mitbraten. Herausnehmen, warm stellen.

2 | Bratsatz mit 100 ml Ananassaft ablöschen, Zucker, Sultaninen und Kokosmilch zugeben, cremig einkochen lassen. Mit Limettensaft und Kurkuma abschmecken. Mit dem Obst anrichten.

Klassiker auf neue Art

Orangen-Nuss-Reis

PRO PERSON 0,55 €

FÜR 4 PERSONEN

- **1 l Orangensaft**
- **120 g Zucker**
- **1/2 TL Zimtpulver | Salz**
- **250 g Rundkornreis (Milchreis)**
- **100 g Pumpernickel**
- **100 g Walnusskerne**
- **50 g Butter**

Zubereitung: 55 Min.

Pro Portion ca.: 755 kcal

1 | Orangensaft mit 60 g Zucker, Zimt und 1 Prise Salz aufkochen, Reis einrieseln lassen. Nach Packungsangabe bei schwacher Hitze 30–40 Min. garen. Dabei öfter umrühren.

2 | Pumpernickel klein würfeln, Nüsse grob hacken. 25 g Butter schmelzen, bis sie schäumt. Darin die Nüsse bei mittlerer Hitze 1–2 Min. unter Rühren anrösten, dann an den Pfannenrand schieben. Restliche Butter schmelzen, Pumpernickel darin 1–2 Min. anbraten, mit den Nüssen mischen. Mit restlichem Zucker bestreuen, unter Rühren weiterbraten, bis sich der Zucker gelöst hat und Nüsse und Pumpernickel karamellig überzogen sind. Den heißen Orangenreis mit der Nussmischung bestreuen.

süßes Hauptgericht

Mandelpolenta mit Kirschen

PRO PERSON 0,63 €

FÜR 4 PERSONEN

- **1/2 l Milch**
- **60 g Butter**
- **Salz**
- **250 g Polentagrieß**
- **1 Glas Kirschen (680 g)**
- **Zimtpulver**
- **100 g Mandelblättchen**
- **4 EL Zucker**

Zubereitung: 45 Min.

Pro Portion ca.: 690 kcal

1 | Milch mit 1/2 l Wasser, 30 g Butter und 1 Prise Salz aufkochen, Polentagrieß einrieseln lassen. Bei schwacher Hitze in 15 Min. unter Rühren zu einem Brei kochen.

2 | Inzwischen die Kirschen auf einem Sieb abtropfen lassen, Saft auffangen, mit 1/4–1/2 TL Zimt mischen, bei starker Hitze sirupartig einkochen lassen. 50 g Mandeln in einer trockenen Pfanne goldgelb rösten. Backofengrill auf 250° vorheizen.

3 | Eine ofenfeste Form mit etwas Butter fetten, mit 1 EL Zucker ausstreuen. Die gerösteten Mandeln unter die Polenta mischen. Die Hälfte der Polenta in die Form streichen. Kirschen darauf verteilen. Restliche Polenta darüber streichen, mit restlichem Zucker und übrigen Mandeln bestreuen. Übrige Butter in Flöckchen darauf verteilen. Polenta unter dem Grill 8 Min. backen, bis sie eine goldbraune Kruste hat. Mit Kirschsirup beträufeln.

Variante: Ganz schnell haben Sie das Gericht fertig, wenn sie Polenta und Kirschen separat servieren und nicht übergrillen.

im Bild vorne: **Orangen-Nuss-Reis** *im Bild hinten:* **Mandelpolenta mit Kirschen**

orientalisch

Couscous mit Orangensirup

PRO PERSON 1,02 €

FÜR 4 PERSONEN

- 300 g Zucker
- 1/2 l Orangensaft
- 1 TL Zimtpulver
- 200 g getrocknete Aprikosen
- 100 g Mandelblättchen
- 1 unbehandelte Zitrone
- 300 g Instant-Couscous
- Salz
- 400 ml Milch
- 40 g Butter
- 100 g Korinthen

Zubereitung: 35 Min.

➤ Pro Portion ca.: 1075 kcal

1 | Zucker bis auf 2 EL mit Orangensaft und Zimt aufkochen, in 20 Min. sprudelnd zu Sirup einkochen lassen.

2 | Inzwischen Aprikosen fein würfeln. Mandeln in einer Pfanne ohne Fett goldgelb rösten. Zitrone heiß waschen, die Schale abreiben, Saft auspressen. Couscous mit 1 Prise Salz und 2 EL Zucker mischen. Milch zum Kochen bringen, über den Couscous gießen, umrühren, 5 Min. stehen lassen. Couscous mit zwei Gabeln auflockern.

3 | Butter erhitzen, Korinthen und Aprikosen darin kurz anbraten, mit Zitronenschale und 50 g Mandelblättchen unter den Couscous mischen. Nach Geschmack mit Zitronensaft abschmecken.

4 | Couscous mit Orangensirup beträufeln, mit restlichen Mandeln bestreuen und mit Zimt bestäuben.

süßes Hauptgericht

Milchreis mit Schokokirschen

PRO PERSON 0,71 €

FÜR 4 PERSONEN

- 1 l Milch
- 2 EL Zucker oder Vanillezucker
- Salz
- 250 g Rundkornreis (Milchreis)
- 1 Glas Kirschen (680 ml)
- 100 g dunkle Schokolade (60 % Kakaoanteil)
- Zimtpulver
- 1 Msp. Cayennepfeffer

Zubereitung: 50 Min.

➤ Pro Portion ca.: 645 kcal

1 | Milch mit 2 EL Zucker und 1 Prise Salz aufkochen lassen, Reis einstreuen und nach Packungsangabe in 30–40 Min. bei schwacher Hitze unter Rühren garen.

2 | Inzwischen die Kirschen auf einem Sieb abtropfen lassen, den Saft auffangen und bei starker Hitze auf die Hälfte einkochen lassen. 75 g Schokolade in Stückchen brechen und im Kirschsaft schmelzen. Kirschen zugeben und darin erwärmen. Nach Geschmack mit Zimt und Cayennepfeffer würzen.

3 | Kirschen mit dem Milchreis anrichten. Restliche Schokolade grob reiben und darüber streuen.

TIPP Die heißen Schokokirschen passen auch zu Eis, Pudding, Grießbrei oder Panna Cotta.

im Bild vorne: Milchreis mit Schokokirschen *im Bild hinten:* Couscous mit Orangensirup

auch für Kinder

Apfelburger mit Kokosreis

PRO PERSON 0,73 €

FÜR 4 PERSONEN

- **1 Dose Kokosmilch (400 ml)**
- **Salz | 2 EL Zucker**
- **200 g Milchreis**
- **30 g Kokosflocken**
- **4 säuerliche Äpfel**
- **40 g Butter**
- **100 g getrocknete Aprikosen**
- **70 g Korinthen**

Zubereitung: 45 Min.

Pro Portion ca.: 680 kcal

1 | Kokosmilch mit 400 ml Wasser, 1 Prise Salz und Zucker aufkochen lassen. Milchreis einstreuen, nach Angabe (30–40 Min.) offen köcheln lassen, dabei öfter umrühren.

2 | Kokosflocken in einer Pfanne ohne Fett gold-gelb rösten. Beiseite stellen.

3 | Äpfel schälen und das Kerngehäuse ausstechen. Äpfel in Ringe schneiden. Butter erhitzen, die Äpfel darin auf jeder Seite in 1–2 Min. weich braten. Die Hälfte auf vorgewärmte Teller verteilen.

4 | Aprikosen klein würfeln, mit den Korinthen unter den Reis mischen. Kokosreis auf die Apfelscheiben löffeln, mit 1 Apfelscheibe abdecken. Mit Kokosflocken bestreuen.

Varianten:

Schneller geht's, wenn Sie Äpfel und Reis wie beschrieben zubereiten und separat servieren.

Oder: Kokosreis mit Apfelmus servieren.

süßes Hauptgericht

Schoko-Pfirsich mit Amaretti-Spätzle

PRO PERSON 0,83 €

FÜR 4 PERSONEN

- **300 g Spätzle (Fertigprodukt) | Salz**
- **1 Dose Pfirsiche (820 ml)**
- **70 g Amarettini**
- **100 g Zartbitterschokolade**
- **2 TL Speisestärke**
- **35 g Butter**

Zubereitung: 40 Min.

Pro Portion ca.: 635 kcal

1 | Die Spätzle nach Packungsangabe in leicht gesalzenem Wasser 12–15 Min. garen. Pfirsiche auf einem Sieb abtropfen lassen, Saft auffangen. Die Pfirsiche klein schneiden. Amarettini im Blitzhacker zu Bröseln verarbeiten.

2 | Den Pfirsichsirup aufkochen lassen. Die Schokolade in Stückchen brechen und darin schmelzen. Speisestärke mit wenig kaltem Wasser glatt rühren, in die kochende Sauce einrühren. Pfirsichstücke zugeben und erhitzen.

3 | Butter schmelzen, bis sie schäumt, Amarettini darin anrösten, abgetropfte Spätzle darin schwenken. Mit den Schokopfirsichen anrichten.

Variante: Schmeckt auch gut mit Williamsbirnen aus der Dose.

im Bild vorne: Apfelburger mit Kokosreis *im Bild hinten:* Schoko-Pfirsich mit Amaretti-Spätzle

braucht etwas Zeit

Orangengelee mit Vanillesauce

PRO PERSON 0,52 €

FÜR 4 PERSONEN

- **250 g gemischtes Backobst**
  1/2 l Orangensaft
  6 Blatt Gelatine
  400 ml Vanilleeis
  150 g Naturjoghurt
  Milch nach Bedarf

Zubereitung: 30 Min.
Ruhezeiten: 8 Std.
- Pro Portion ca.: 475 kcal

1 | Backobst sehr klein würfeln, mit Orangensaft begießen, zugedeckt mindestens 5 Std. ziehen lassen.

2 | Backobst auf einem Sieb abtropfen lassen, Saft auffangen und mit Wasser auf 1/2 l ergänzen. Gelatine 5 Min. in kaltem Wasser einweichen, ausdrücken und in einem Topf bei schwacher Hitze erwärmen, bis sie sich vollständig gelöst hat. Erst einige EL Saft mit der Gelatine verrühren, dann nach und nach die gesamte Flüssigkeit unterrühren.

3 | Backobst auf vier Portionsschälchen verteilen, Flüssigkeit darüber gießen. In 3 Std. im Kühlschrank gelieren lassen.

4 | Eiscreme und Joghurt im Mixer zu einer gleichmäßigen Creme mixen, nach Geschmack mit etwas Milch verdünnen. Auf dem Gelee verteilen und sofort servieren.

Klassiker

Apfelcharlotte

PRO PERSON 0,72 €

FÜR 4 PERSONEN

- **400 g Schwarzbrot**
  150 g brauner Zucker
  1–2 TL Zimtpulver
  70 g Walnusskerne
  700 g säuerliche Äpfel
  80 g Butter
  70 g Korinthen
  150 g Crème fraîche

Zubereitung: 30 Min.
Backzeit: 30–45 Min.
- Pro Portion ca.: 875 kcal

1 | Schwarzbrot grob würfeln, im Blitzhacker zu Krümeln verarbeiten. Mit Zucker und Zimt mischen. Nüsse grob hacken. Äpfel schälen, die Kerngehäuse ausstechen, die Äpfel in dünne Ringe schneiden. In 40 g Butter portionsweise jeweils 3 Min. braten.

2 | Backofen auf 180° vorheizen. Eine feuerfeste Form mit etwas Butter fetten. Eine Lage Brotkrümel einstreuen, Apfelringe einschichten, mit Korinthen und Nüssen bestreuen. Dies wiederholen, bis alles aufgebraucht ist. Mit einer Schicht Krümel abschließen. Die restliche Butter in Flöckchen auf dem Auflauf verteilen. Im Backofen (Mitte, Umluft 160°) 30–40 Min. backen. (Die Äpfel sollen weich sein.) Auf jede Portion vor dem Servieren 1 EL Crème fraîche geben.

- Varianten:
  Vanilleeis statt Crème fraîche dazuservieren.
  Etwas weniger üppig wird's mit glatt gerührtem Joghurt.

im Bild vorne: **Orangengelee mit Vanillesauce** *im Bild hinten:* **Apfelcharlotte**

Zum Gebrauch
Damit Sie Rezepte mit bestimmten Zutaten schneller finden können, stehen hier zusätzlich beliebte Zutaten wie **Nudeln** oder **Hackfleisch** – ebenfalls geordnet und **hervorgehoben** gedruckt – über den entsprechenden Rezepten.

Die Autorin

Bettina Matthaei ist als Drehbuchautorin, Grafikerin und Dozentin an Film- und Designschulen vielfach kreativ tätig. Aus ihrer Leidenschaft für das Kochen, speziell ihrer Passion für Gewürze, entstanden neue Kochbücher, Kolumnen, Vorträge und Workshops. Ihre ausgefallenen, aromatischen Gewürzmischungen kann man auch online bestellen (www.1001gewuerze.de).

Der Fotograf

Jörn Rynio arbeitet als Fotograf in Hamburg. Zu seinen Auftraggebern gehören nationale und internationale Zeitschriften, Buchverlage und Werbeagenturen. Aus seinem Studio stammen alle Fotos in diesem Band. Tatkräftig unterstützt wurde er dabei von seiner Foodstylistin Petra Speckmann.

Bildnachweis

Jörn Rynio, Hamburg

Titelbildrezept

Kokos-Pute in scharfer Tomatenssauce (Seite 36)

Gedruckt auf Multiart matt 130 g/qm holzfrei matt gestrichen Bilderdruck, made by StoraEnso, geliefert von der Papier Union

© 2005 GRÄFE UND UNZER VERLAG GmbH, München

Alle Rechte vorbehalten. Nachdruck, auch auszugsweise, sowie Verbreitung durch Film, Funk, Fernsehen und Internet durch fotomechanische Wiedergabe, Tonträger und Datenverarbeitungssysteme jeglicher Art nur mit schriftlicher Genehmigung des Verlages.

Programmleitung:
Doris Birk
Leitende Redakteurin:
Birgit Rademacker
Redaktion:
Stefanie Poziombka
Lektorat:
Adelheid Schmidt-Thomé
Layout, Typografie und Umschlaggestaltung:
Independent Medien Design, München
Satz:
Verlagssatz Lingner
Herstellung:
Martina Müller
Reproduktion:
Repro Ludwig, Zell am See
Druck: Appl, Wemding
Bindung: Sellier, Freising

ISBN 3-7742-6892-4

Auflage	5.	4.	3.	2.	1.
Jahr	2009	08	07	06	05

GRÄFE UND UNZER

Ein Unternehmen der
GANSKE VERLAGSGRUPPE

Das Original mit Garantie

Ihre Meinung ist uns wichtig. Deshalb möchten wir Ihre Kritik, gerne aber auch Ihr Lob erfahren. Um als führender Ratgeberverlag für Sie noch besser zu werden. Darum: Schreiben Sie uns! Wir freuen uns auf Ihre Post und wünschen Ihnen viel Spaß mit Ihrem GU-Ratgeber.

Unsere Garantie: Sollte ein GU-Ratgeber einmal einen Fehler enthalten, schicken Sie uns das Buch mit einem kleinen Hinweis und der Quittung innerhalb von sechs Monaten nach dem Kauf zurück. Wir tauschen Ihnen den GU-Ratgeber gegen einen anderen zum gleichen oder ähnlichen Thema um.

GRÄFE UND UNZER VERLAG
Redaktion
Kochen & Verwöhnen
Postfach 86 03 25
81630 München
Fax: 089/41981-113
e-mail: leserservice@graefe-und-unzer.de

GU KÜCHENRATGEBER

Neue Rezepte für den großen Kochspaß

ISBN 3-7742-6595-X

ISBN 3-7742-5762-0

ISBN 3-7742-4880-X

ISBN 3-7742-6598-4

ISBN 3-7742-6893-2

ISBN 3-7742-5721-3

64 Seiten, 7,50 € [D]

Das macht die GU Küchenratgeber zu etwas Besonderem:

- *Rezepte mit maximal 10 Hauptzutaten*
- *Blitzrezepte in jedem Kapitel*
- *alle Rezepte getestet*
- *Geling-Garantie durch die 10 GU-Erfolgstipps*

GU

Willkommen im Leben.

Änderungen und Irrtum vorbehalten.

DER VORRAT

- Haltbare Basiszutaten wie Nudeln, Reis und Couscous, Instantbrühen, Dosentomaten und Öl kann man gut vorrätig haben.
- Obst, Gemüse und Kräuter lieber nur in kleineren Mengen kaufen, damit nichts verdirbt: Wegwerfen ist richtig teuer!
- Regelmäßiger Vorratscheck und gut geplante Einkaufswege sparen ebenfalls – denn Zeit ist schließlich auch Geld.

Geling-Garantie für preiswertes Kochen

FLEXIBEL SEIN

- Sie müssen sich nicht strikt an die Rezepte halten. Verbrauchen Sie lieber erst einmal Vorräte statt Neues zu kaufen.
- So lassen sich getrocknete Pflaumen meistens gut durch anderes Trockenobst ersetzen;
- statt Koteletts Schnitzel nehmen;
- Couscous durch Reis und Gnocchi durch Nudeln oder Klöße ersetzen.

SPAREN & VERWÖHNEN

- Das ist kein Widerspruch! Gerade wer sparen muss, sollte sich auch etwas Gutes tun. Oft sind es Kleinigkeiten, wie ein Sherry vor dem Essen, ein paar Oliven als Vorspeise oder ein Dessert.
- Die Discounter haben ein großes Angebot an preiswertem Luxus.
- Ein hübsch gedeckter Tisch ist kein Luxus!

EINKAUF KURZ VOR SCHLUSS

- Kurz vor Ladenschluss werden öfter mal die Preise runtergesetzt. Das macht z. B. der Bäcker, und auch auf dem Markt gibt's Obst und Gemüse abends billiger.
- Frische Waren, die kurz vorm Ablauf des Verfallsdatums stehen, werden oft als Sonderangebote ausgezeichnet. Sie sind immer noch einwandfrei – nur nicht mehr lagerfähig.